Souvenirs de la Grande Armée

1808 – LES ENFANTS DE LA VEUVE

SCÉNARIO

MICHEL DUFRANNE

DESSIN

ALEXIS ALEXANDER

COULEUR

JEAN-PAUL FERNANDEZ

DELCOURT

En souvenir de Jacques-Charles Godard (1783-1807).

À la mémoire de Jean-Baptiste Godart (1902-1981) et Gisèle Godart (1926-2006).

Merci aux valeureux héros de ces 46 pages (Vlada, Patrick L. et Jean-Paul F.).
Merci à la compagnie d'élite du 54 rue d'Hauteville (tout particulièrement à celles – Elisabeth H., Caroline M., Camille T. – dont la patience reste sans égale, et à toutes celles et ceux qui œuvrent dans l'ombre).
Merci aux voltigeurs du 132 rue du Faubourg St Denis.
Merci aux services de renseignement étrangers (Émilie V., Sabrina B., Lidia S., Anna K. Pierre-Yves C. et Alexeï P.).
Merci à mon frère d'armes J.-C.
Merci à Maria, ma Joséphine à moi...
Et Mathias, mon petit hussard !

M. D.

Merci à ma femme et à mes enfants pour leur compréhension.

A. A.

Dans la même série :
Tome 1 : 1807 : Il faut venger Austerlitz !
Tome 2 : 1808 : Les Enfants de la veuve

Du même scénariste, chez le même éditeur :
- Beowulf (un volume) - dessin de Javier N.B.
- Candide, de Voltaire (un volume) - coscénario de Delpatûre, dessin de Radovanovic
- La Chute du dragon noir (un volume) - dessin de Josic
- Sillage hors-série, Le Collectionneur - en collaboration avec Morvan & Buchet
- Les Trois Mousquetaires, d'Alexandre Dumas (trois volumes) - coscénario de Morvan, dessin de Rubén

Chez Casterman :
- La Guilde (deux volumes) - dessin de Oscar Martin
- Helldorado (deux volumes) - coscénario de Morvan, dessin de Noé

Dépôt légal : novembre 2008. I.S.B.N. : 978-2-7560-1187-5
Première édition

Lettrage : Patrick Lehance
Conception graphique : Trait pour Trait

Achevé d'imprimer en octobre 2008
sur les presses de l'imprimerie Lesaffre, à Tournai, Belgique

www.editions-delcourt.fr

1808. Au coeur du duché de Varsovie...
AAAAAAHHHHHH !

TU PENSES QUE TON GARS VA LÂCHER PRISE ?
NON. IL EST TROP ORGUEILLEUX. ET LE TIEN ?
À TON AVIS...
CE SOIR, ON RIPAILLE AVEC QUELQUES HUSSARDS. TU VEUX ÊTRE DES NÔTRES ?
DÉSOLÉ. J'AI À FAIRE EN VILLE...

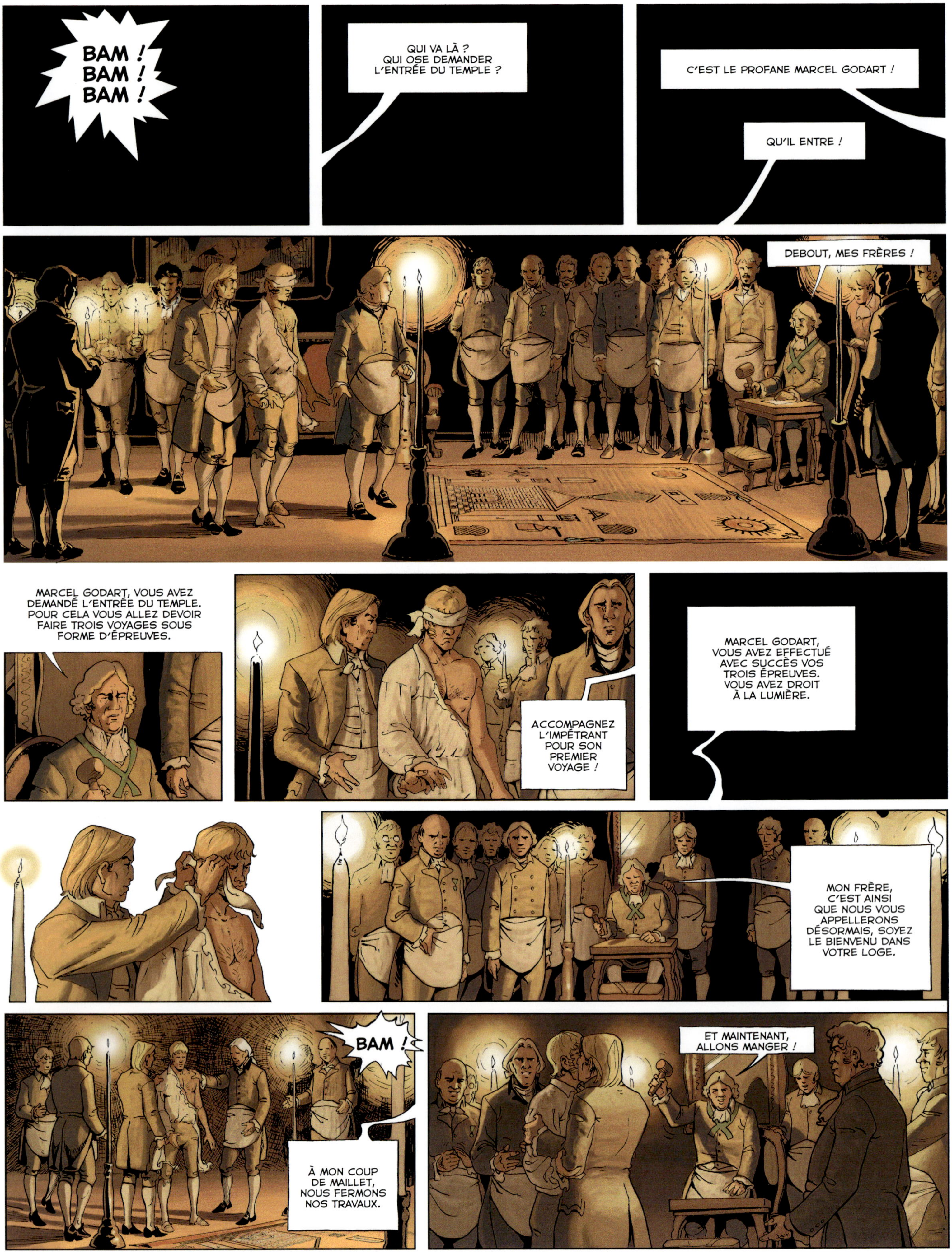
BAM ! BAM ! BAM !
QUI VA LÀ ? QUI OSE DEMANDER L'ENTRÉE DU TEMPLE ?
C'EST LE PROFANE MARCEL GODART !
QU'IL ENTRE !
DEBOUT, MES FRÈRES !
MARCEL GODART, VOUS AVEZ DEMANDÉ L'ENTRÉE DU TEMPLE. POUR CELA VOUS ALLEZ DEVOIR FAIRE TROIS VOYAGES SOUS FORME D'ÉPREUVES.
ACCOMPAGNEZ L'IMPÉTRANT POUR SON PREMIER VOYAGE !
MARCEL GODART, VOUS AVEZ EFFECTUÉ AVEC SUCCÈS VOS TROIS ÉPREUVES. VOUS AVEZ DROIT À LA LUMIÈRE.
MON FRÈRE, C'EST AINSI QUE NOUS VOUS APPELLERONS DÉSORMAIS, SOYEZ LE BIENVENU DANS VOTRE LOGE.
BAM !
À MON COUP DE MAILLET, NOUS FERMONS NOS TRAVAUX.
ET MAINTENANT, ALLONS MANGER !

SI J'AI BIEN COMPRIS, VOUS RESTEZ EN POSTE DANS MON BEAU PAYS...
NE CULTIVEZ-VOUS AUCUN REGRET À VOIR LES AUTRES UNITÉS REJOINDRE LE SOLEIL DE LA PÉNINSULE IBÉRIQUE ?
J'AI CONNU VOTRE PAYS SOUS LA NEIGE ET LA BOUE, LAISSEZ-MOI PROFITER UN PEU DE VOS FORÊTS. ET N'OUBLIEZ PAS QUE JE RESTE UN HOMME NÉ DANS UN PAYS PLUVIEUX BATTU PAR LES VENTS.
JE DONNERAIS UN MOIS DE SOLDE POUR REJOINDRE L'ARMÉE D'ESPAGNE. LÀ AU MOINS, LES OCCASIONS NE MANQUERONT PAS DE GAGNER DU GALON...
ET DE T'ÉLOIGNER DE TA NOUVELLE... ÉPOUSE !
HA HA HA HA HA
SI TU VEUX PERDRE UN MOIS DE SOLDE, JE TE PARIE QUE CETTE CAMPAGNE DURERA QUELQUES SEMAINES TOUT AU PLUS.
PARI TENU. JE DIS... 10 SEMAINES ! ET VOUS ?
NE SOIS PAS SI SÛR DE TON COUP. LES ANGLAIS VIDENT LEURS CAISSES POUR NOUS TENIR TÊTE. CELA RISQUE D'ÊTRE LONG ET DOULOUREUX.
LES HOMMES MANQUENT D'ACTION. LES DUELS SE MULTIPLIENT, LES FRUSTRATIONS AUSSI. ET CE NE SONT PAS LES JEUNES COQS QU'ON NOUS ENVOIE QUI RASSURERONT LES VÉTÉRANS.
POUR MA PART, JE CRAINS TOUJOURS DE VOIR LES PAYSANS SE LEVER CONTRE...
RIEN À CRAINDRE D'EUX. LE DANGER VIENT DES BRIGANDS RUSSES QUI PASSENT LA RIVIÈRE ET VIENNENT PILLER LES VILLAGES.
D'AUTANT QUE CE SONT TOUS D'ANCIENS SOLDATS OU DES DÉSERTEURS.
IL EST LÀ, LE VRAI DANGER. LES DÉSERTEURS ! PAS LES RUSSES... LES NÔTRES. EN DIX ANS DE CAMPAGNE, JE N'AI JAMAIS ENTENDU AUTANT PARLER DE DÉSERTION, DE DÉSOBÉISSANCE, DE TRAHISON...
LES DERNIÈRES VICTOIRES NOUS ONT COÛTÉ TROP CHER EN HOMMES DE QUALITÉ.

MA BENJAMINE A ÉPOUSÉ L'UN DE VOS COMPATRIOTES. DELACROIX, UN SAVANT QUI ÉTAIT DE LA CAMPAGNE D'ÉGYPTE. UN SPÉCIALISTE DES ÉCRITURES ANCIENNES... UN JEUNE HOMME PASSIONNANT QUOIQU'UN PEU TROP ÉRUDIT AU GOÛT DE MON ÉPOUSE.
VOUS LE CONNAISSEZ PEUT-ÊTRE ? VOUS AVEZ PARTICIPÉ À LA BATAILLE DES PYRAMIDES ?
DÉSOLÉ. NI L'UN, NI L'AUTRE. DE PLUS, JE DOIS RECONNAÎTRE QUE MES CONNAISSANCES EN HISTOIRE SONT DES PLUS RÉDUITES...
NE SOYEZ PAS SI MODESTE.
CETTE CÉRÉMONIE À L'ÉGLISE SAINT-PAUL-SAINT-LOUIS EN L'HONNEUR DE JACQUES DE MOLAY... QUELLE FUMISTERIE !
TU DIS ÇA PARCE QUE TU N'EN ÉTAIS PAS...
ET QUE TU NE POURRAS JAMAIS VERSER 300 FRANCS DE COTISATION POUR ADHÉRER À CE NOUVEL ORDRE DU TEMPLE...
ET AINSI CÔTOYER CES MESSIEURS LES MARÉCHAUX.
CE N'EST PAS PARCE QUE LANNES OU NEY EN FONT PARTIE QUE CES TEMPLIERS ONT UN QUELCONQUE INTÉRÊT HISTORIQUE OU PHILOSOPHIQUE.
JE CROIS SURTOUT QU'EN SE DÉSIGNANT COMME SUCCESSEUR DU DERNIER GRAND MAÎTRE, FABRÉ-PALAPRAT A EU UNE IDÉE DE GÉNIE POUR EXTORQUER DES FONDS À DE PAUVRES IMBÉCILES.
J'AVOUE NE PAS COMPRENDRE L'INSTALLATION DU GRAND SANHÉDRIN ?! S'IL Y A 60 000 JUIFS EN FRANCE, C'EST BIEN LE DIABLE !
PEUT-ÊTRE... MAIS DANS L'EMPIRE ?! IL FAUT VOIR GRAND. ILS SONT NOMBREUX. ICI, PAR EXEMPLE, LEURS COMMUNAUTÉS SONT BIEN STRUCTURÉES...
... DU MOINS CELLES QUI SONT RESTÉES ET N'ONT PAS FUI EN 1806 POUR L'ALSACE OU PARIS.
UNE RELIGION DE PLUS OU DE MOINS, QU'EST-CE QUE ÇA CHANGE ? TANT QUE LES GRANDS IRONT CONSULTER EN CACHETTE MADEMOISELLE LENORMAND, IL NE FAUDRA PAS S'ÉTONNER QUE LES PAYSANS CROIENT EN LA SORCELLERIE...
J'AI D'AILLEURS CONNU UNE FEMME À LA PILOSITÉ ABONDANTE QUI AVAIT DÛ FUIR SON VILLAGE... TOUS LA PRENAIENT POUR UNE FEMME-CHIEN ! DOMMAGE POUR EUX, ELLE AVAIT DE VRAIS TALENTS CACHÉS.

VOTRE FAMILLE NE VOUS MANQUE-T-ELLE PAS ?
SI... QUAND J'AI REJOINT LE 2E CHASSEUR, MON FILS VENAIT D'AVOIR 2 ANS. JE PENSE QU'AUJOURD'HUI JE NE LE RECONNAÎTRAIS PLUS.
AVANT TOUTE CETTE BOUCHERIE, J'ÉTAIS INSTITUTEUR... JE NE SAIS COMBIEN DE MES ANCIENS ÉLÈVES JE SERAIS ENCORE CAPABLE DE RECONNAÎTRE... ET COMBIEN D'ENTRE EUX SERONT ENCORE BIEN PORTANTS QUAND TOUT CECI PRENDRA FIN...
LE REPAS SE DÉROULE BIEN, ET AU DESSERT, VOUS SAVEZ QUOI ?
OUI... IL TE SERT UN HORRIBLE MOUSSEUX DE LA VEUVE CLIQUOT À 4 FRANCS LA BOUTEILLE, ALORS QU'IL AURAIT PU TE PRÉSENTER UN BON SILLERY COMME TU LES AIMES TANT !
HA HA HA HA
VOUS VOUS RENDEZ COMPTE, AUJOURD'HUI, À CAUSE DE TRAFALGAR LE PAIN DE SUCRE COÛTE PLUS DE 30 FRANCS !! À VOUS DÉGOÛTER D'AIMER LES PÂTISSERIES !
ET DIRE QUE POUR 40 FRANCS VOUS AVEZ DE CES BELLES PETITES ASPERGES D'ALSACE BIEN CROQUANTES...
NE RÊVE PAS TROP. PENSE PLUTÔT AUX FLAGEOLETS ET AUX CHÂTAIGNES. MMMM, CES PETITES CHÂTAIGNES BOURSÉES, QUEL DÉLICE DU PALAIS.
HA HA HA
QUELQU'UN A-T-IL EU L'OCCASION DE LIRE LE *MATHILDE* DE MADAME COTTIN ? COMMENT PEUT-ON PUBLIER DE TELLES INEPTIES ?! MAIS QUE FAIT LA CENSURE ?...

Après ces quelques jours de détente, nous revenions, le sous-lieutenant Decouz et moi, à Augustowo. Mon régiment occupait cette ville, dans le plus grand ennui, depuis décembre 1807. Notre mission consistait alors à observer les frontières russes le long du Niémen et du Neu Ost Preussen.
Même si les Russes sont des plus calmes, cette situation ne plaît guère aux compagnons. Les hommes doivent vivre dans des postes et parcourir les forêts en tous sens. Autant dire que le moral n'est pas au beau fixe et les désertions sont monnaie courante.
Personnellement, je prenais mon mal en patience et j'essayais de profiter au mieux de mes nouveaux galons de Brigadier Fourrier.
L'hiver m'avait rapproché des hommes de la Compagnie d'élite, et l'épisode "Austerlitz" semblait presque oublié... Même si le vieux "J'y étais" ne manquait pas une occasion de prendre des risques inconsidérés.
Malgré son mauvais caractère, j'aime bien cette "vieille moustache" et ses principes d'un autre temps.
Contrairement à d'autres, j'avais le secret espoir que cette drôle de guerre se termine bientôt. Les événements me donneraient tort...

ALORS, TU L'AS FAIT ?
BIEN SÛR ! NI VU, NI CONNU.
PERSONNE NE T'A VU...
AUSSI SÛR QUE JE M'APPELLE KOHNEN !
FAUDRA CHANGER DE NOM, "KOHNEN" !
J'ESPÈRE QUE VOUS AVEZ UNE BONNE EXPLICATION POUR CETTE ESCAPADE NOCTURNE.

AAAAAHHHH... MA TÊTE !!
QUI A OSÉ ?
QUI M'A FAIT ÇA ?
DANEY ! SALOPARD !!
OÙ EST "MÂTIN" ?
BONJOUR...
REGARDE, "LE BELGE", CE QUE TON COPAIN M'A FAIT !!
CE N'EST PAS LUI QUI...
C'EST ÇA, COUVRE TON AMI ! MAIS ÇA NE SE PASSERA PAS COMME ÇA !
TU ES ASSEZ MAL PLACÉ POUR ME REPROCHER DE "COUVRIR UN AMI" !

QUELLE PRESTANCE, L'ANCIEN !
HA HA HA HA HA
DE FACE, C'EST ENCORE MIEUX !!
STOP !!!
"J'Y ÉTAIS", "MÂTIN" N'EST PAS RESPONSABLE DE TA COUPE TITUS ! FAIS-LUI DES EXCUSES.
QUANT À TOI, TU RÉFLÉCHIS AVANT DE RAILLER TON MONDE ! TU AS DÉJÀ ASSEZ FERRAILLÉ CES DERNIERS JOURS.

Aucun autre événement ne marqua mon trop bref séjour à Augustowo. Avec quelques hommes du 1er Escadron, nous progressâmes dans la forêt pour prendre notre poste au plus près des Russes.
Autant dire que nous n'y allions pas de gaieté de coeur. Nous savions que nos conditions de séjour seraient à nouveau des plus éprouvantes et que si l'ennui ne tuait pas, ce serait le fait des nombreuses bandes de pillards qui avaient fait de la frontière leur terrain de chasse.
IL T'A FAIT DES EXCUSES, LAISSE DONC PISSER LA JUMENT.
QUAND TU FAIS CETTE TROGNE, C'EST TOUTE LA COMPAGNIE QUI EN FAIT LES FRAIS.
TOUT L'ESCADRON, MÊME...
FAIS ATTENTION AU CHEMIN ET DISPENSE-NOUS DE TON AVIS !
VOUS ÊTES MES DEUX MEILLEURS AMIS, MÊME SI VOUS AVEZ DES CARACTÈRES DE COCHONS...
SURTOUT LUI !
SI TU VEUX...
ON NE SAIT PAS SI ON RETROUVERA UN JOUR NOS FAMILLES, AUTANT ÉVITER DE SE TANNER LE CUIR À LA MOINDRE OCCASION, TU NE PENSES PAS ?!
J'Y RÉFLÉCHIRAI...

LES ASTÉRISQUES RENVOIENT AU GLOSSAIRE EN FIN D'OUVRAGE.

Accompagnés de quelques recrues de la 5e Compagnie, nous prîmes possession de notre nouvelle position. Sous l'oeil avisé de Decouz et de quelques vieilles moustaches, nous aménageâmes tant bien que mal notre poste. Mais si le corps était occupé, l'esprit ne cessait quant à lui de vagabonder. Que faisions-nous réellement ici ?
Bien que le Sous-Lieutenant mettait tout en oeuvre pour nous maintenir aux aguets et prêts à combattre, les quelques patrouilles journalières ne rencontraient guère notre désir d'action et de gloire.
Les premiers jours, j'étais persuadé que l'ennui serait notre pire ennemi...
Je me trompais. Notre pire ennemi fut la mélancolie. L'inaction nous offrait trop d'occasions de penser aux compagnons disparus et à nos proches que nous n'avions plus vus depuis de longs mois... voire des années !
Seul "Mâtin" semblait s'accommoder de la situation. Les jean-jeans semblaient l'apprécier. Lui ne ratait aucune occasion de réchauffer les coeurs...
... Et de parfaire ses connaissances des coutumes locales.

La dure réalité des temps de guerre nous rattrapa là où nous l'attendions le moins...
JEAN DE NIVELLE EST UN HÉROS...
À TOI, "LE BELGE" !
QUI N'A NI MAÎTRES, NI RIVAUX...
POUR LE COMBATTRE DANS LES RUELLES...
STOP !!
QU'EST-CE QUI TE PREND D'HURLER COMME ÇA ?
UN BRUIT... ON N'EST PAS SEULS...
J'ENTENDS RIEN. EN ROUTE, KOHNEN.
HÉ, BLANC-BEC, TU ÉVITES QUE TA TROUILLE NOUS RETARDE PLUS LONGTEMPS.
J'AI PAS ENVIE DE RENTRER AU MILIEU DE LA NUIT.
SI ON N'AVAIT PAS DÛ ATTENDRE CERTAINS, ON Y SERAIT DÉJÀ.
À LA PROCHAINE REMARQUE, ON RÈGLE ÇA ENTRE HOMMES !!

Nous pûmes ramener "Mâtin" au plus vite. Ses blessures étaient sérieuses et les vieux briscards craignaient qu'elles ne suppurent.
ACCROCHE-TOI ! PENSE À TOUS CES DUELS QUI T'ATTENDENT ENCORE...
VA TE REPOSER, LE "BELGE". JE PRENDS LA RELÈVE.
NON, C'EST BON. IL FAUT...
IL FAUT RIEN DU TOUT !!
MES CAUCHEMARS M'EMPÊCHENT DE DORMIR, ÇA SERVIRA À RIEN D'ÊTRE ÉVEILLÉS TOUS LES DEUX.
DORS, T'EN AS BESOIN.
SOIS TRANQUILLE POUR "MÂTIN", LES BLESSÉS OU LES MORTS, J'PEUX PLUS DIRE COMBIEN J'EN AI VEILLÉ...
MAIS, MON LIEUTENANT...
ICI, Y'A PLUS DE GRADE QUI COMPTE !
ON EST ENTRE HOMMES... ENFIN, J'ESPÈRE !
T'ES QU'UN JEAN-FOUTRE, KOHNEN !
TU TE PRENDS POUR UN SOLDAT, MAIS TU LAISSES UN COMPAGNON SE FAIRE BOUFFER LA GUEULE PAR DES LOUPS !...

J'ESSAYAIS DE...
TA GUEULE !
LES BLANCS-BECS COMME TOI ÇA ME FAIT VOMIR !! VOUS NE RESPECTEZ RIEN !
SI T'AVAIS DES TRIPES, ÇA SE TERMINERAIT PAR UN DUEL. À LA LOYALE. COMME LE FERAIT "MÂTIN".
MAIS MÊME POUR ÇA T'OSES PAS SORTIR TON SABRE !!
"MÂTIN", LUI, IL NE T'AURAIT JAMAIS ABANDONNÉ. CAR IL EST HEUREUX D'ÊTRE DU 2E CHASSEUR.
COMME TOUTES LES VIEILLES MOUSTACHES, IL N'A PAS VU LES SIENS DEPUIS DES ANNÉES... POUR LUI NOUS SOMMES SA FAMILLE... TU ES SA FAMILLE.
REGARDE BIEN LA LAME DE CE SABRE ET LIS !
BON... APARTE... PRE...MIER...
PLUS FORT ! ON DOIT T'ENTENDRE À VARSOVIE !
JE VAIS TE DIRE CE QUE TU PEUX Y LIRE...
BONAPARTE, PREMIER CONSUL DE LA RÉPUBLIQUE FRANÇAISE, 30 THERMIDOR AN X, 2E RÉGIMENT DE CHASSEURS À CHEVAL.
C'EST UN HONNEUR DE PORTER CE SABRE... SOIS-EN FIER ET RESPECTE-LE... RESPECTE-LE...

RENTRE DORMIR, "LE BELGE" !
C'EST UN ORDRE, PAS UN CONSEIL...
COMMENT VA "MÂTIN" ?
SALES BLESSURES... MAIS C'EST UN CORIACE, IL TIENDRA.
MERCI, PAS DE RIQUIQUI À CETTE HEURE-CI. MES TRIPES LE SUPPORTENT MAL.
C'EST PAS LA GRANDE FORME, ON DIRAIT.
EFFECTIVEMENT... LE SON DU CANON ME MANQUE...
JE NE PENSAIS PAS POUVOIR DIRE ÇA UN JOUR.
SI ON PERD DES GARS COMME "MÂTIN" ALORS QUE L'ENNEMI EST DERRIÈRE LE FLEUVE, JE ME DEMANDE COMMENT TOUT ÇA VA FINIR.
ET C'EST PAS COMME SI ON POUVAIT COMPTER SUR LA CLIQUE DES BLANCS-BECS...
TU VEUX QUE JE TE RELÈVE POUR LA NUIT ?
NON, MON LIEUTENANT, JE RESTE PRÈS DE LUI. AVEC MES CAUCHEMARS, MES NUITS SONT COURTES.
TU SAIS, "J'Y ÉTAIS", CES FOUTUS CAUCHEMARS NE S'ARRÊTENT PAS AUX ÉPAULETTES...
À TOUT À L'HEURE.

Le lendemain, la décision fut prise d'organiser une grande chasse aux loups. Sous prétexte de sécuriser notre avant-poste, nous avions une occasion rêvée de nous activer et d'utiliser nos armes. Même si nous étions conscients du côté éphémère de cette battue, chaque vétéran y voyait l'opportunité de redevenir un guerrier.
KOHNEN, CAMUS, VOUS RESTEZ !
CAMUS, SI VOUS ÊTES ATTAQUÉS ET QUE KOHNEN SE CACHE, TIREZ-LUI DANS LE DOS PUIS SAUVEZ VOTRE PEAU.
ET MOI ?! ON M'OUBLIE...
JE NE SUIS PAS ENCORE REFROIDI !!
VA ME CHERCHER MON CHEVAL, BLANC-BEC.
RETOURNE DORMIR, "MÂTIN" !
NON... J'AI UN COMPTE À RÉGLER...
ET UN MANTEAU DE FOURRURE À TAILLER.
VOUS NOUS ACCOMPAGNEZ, DANEY...
MAIS SI VOUS NOUS RETARDEZ, JE VOUS COLLE AUX ARRÊTS.
TIENS, LE SAPEUR*, AVEC ÇA TU RESTERAS ÉVEILLÉ.

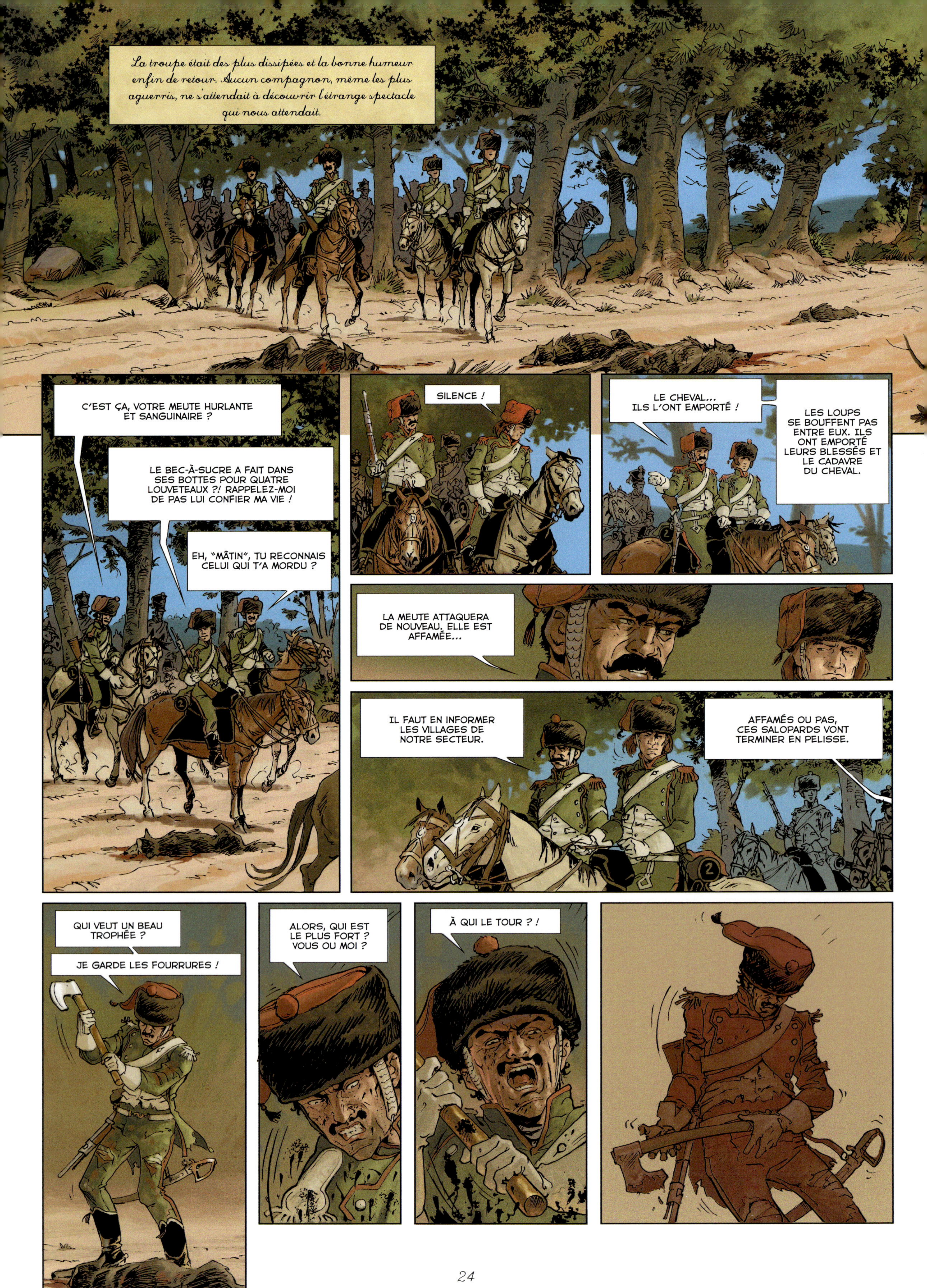
La troupe était des plus dissipées et la bonne humeur enfin de retour. Aucun compagnon, même les plus aguerris, ne s'attendait à découvrir l'étrange spectacle qui nous attendait.
C'EST ÇA, VOTRE MEUTE HURLANTE ET SANGUINAIRE ?
LE BEC-À-SUCRE A FAIT DANS SES BOTTES POUR QUATRE LOUVETEAUX ?! RAPPELEZ-MOI DE PAS LUI CONFIER MA VIE !
EH, "MÂTIN", TU RECONNAIS CELUI QUI T'A MORDU ?
SILENCE !
LE CHEVAL... ILS L'ONT EMPORTÉ !
LES LOUPS SE BOUFFENT PAS ENTRE EUX. ILS ONT EMPORTÉ LEURS BLESSÉS ET LE CADAVRE DU CHEVAL.
LA MEUTE ATTAQUERA DE NOUVEAU. ELLE EST AFFAMÉE...
IL FAUT EN INFORMER LES VILLAGES DE NOTRE SECTEUR.
AFFAMÉS OU PAS, CES SALOPARDS VONT TERMINER EN PELISSE.
QUI VEUT UN BEAU TROPHÉE ?
JE GARDE LES FOURRURES !
ALORS, QUI EST LE PLUS FORT ? VOUS OU MOI ?
À QUI LE TOUR ? !

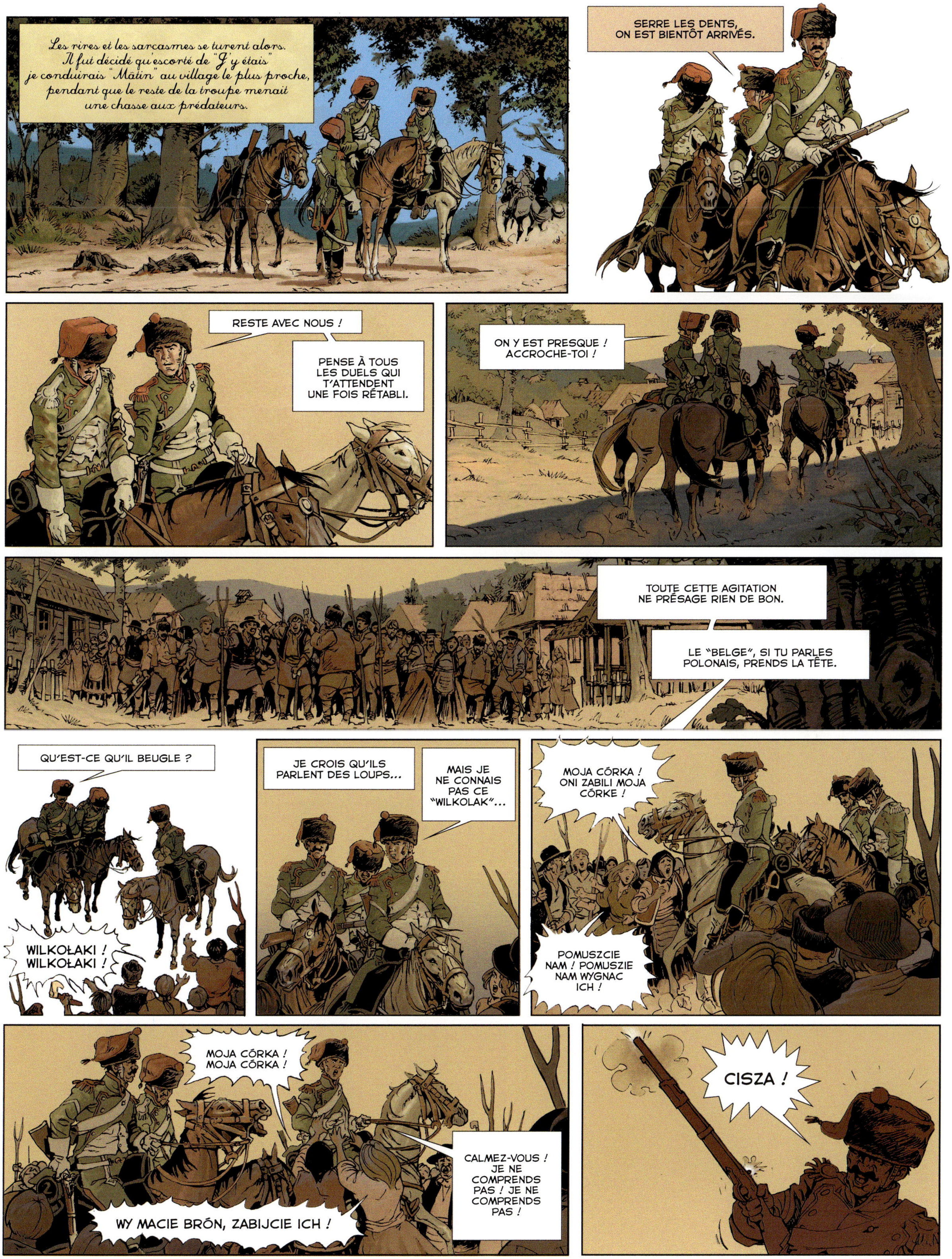
Les rires et les sarcasmes se turent alors. Il fut décidé qu'escorté de "J'y étais" je conduirais "Mâtin" au village le plus proche, pendant que le reste de la troupe menait une chasse aux prédateurs.
SERRE LES DENTS, ON EST BIENTÔT ARRIVÉS.
RESTE AVEC NOUS !
PENSE À TOUS LES DUELS QUI T'ATTENDENT UNE FOIS RÉTABLI.
ON Y EST PRESQUE ! ACCROCHE-TOI !
TOUTE CETTE AGITATION NE PRÉSAGE RIEN DE BON.
LE "BELGE", SI TU PARLES POLONAIS, PRENDS LA TÊTE.
QU'EST-CE QU'IL BEUGLE ?
WILKOŁAKI ! WILKOŁAKI !
JE CROIS QU'ILS PARLENT DES LOUPS...
MAIS JE NE CONNAIS PAS CE "WILKOLAK"...
MOJA CÓRKA ! ONI ZABILI MOJA CÓRKE !
POMUSZCIE NAM ! POMUSZIE NAM WYGNAC ICH !
MOJA CÓRKA ! MOJA CÓRKA !
CALMEZ-VOUS ! JE NE COMPRENDS PAS ! JE NE COMPRENDS PAS !
WY MACIE BRÓN, ZABIJCIE ICH !
CISZA !

TOI ! JE SAIS QUE TU COMPRENDS LE FRANÇAIS !
CALME-LES OÙ JE FAIS UN CARNAGE !!
USPOKUJCIE SIE, USPOKUJCIE SIE !
ONI PRZYJDA POMÒC NAM ZABIC TE POTWORY !
VOUS, AIDER NOUS ?!
CONDUIS-NOUS D'ABORD CHEZ TOI POUR QU'ON S'OCCUPE DE NOTRE COMPAGNON !
QUOI DIRE ?!
MY W TWOIM DOMU...
LECZYC RANNYCH.
SUIVRE MOI.
BIENVENUE !
TIENS LE COUP, MON GARS, ON VA RÉQUISITIONNER LA MEILLEURE CHAMBRE RIEN QUE POUR TA COUENNE !
HOLÀ, ACCROCHE-TOI...

VENEZ LES AIDER AU LIEU DE BAYER AUX CORNEILLES !
MAGNEZ-VOUS !!
BOUGEZ VOS CULS !!
TOI, TOI ET TOI... ALLEZ LES AIDER.
CALME-TOI. C'EST BON... JE ME DÉBROUILLE.
TY PONIÓC MI !
W TWOIM DOMU !
RESTEZ ÉLOIGNÉS !
JE TIRE SUR LE PREMIER QUI APPROCHE !!
ACCROCHE-TOI... CE N'EST QU'UNE MAUVAISE FIÈVRE.
IL ME FAUT DU RHUM, DU SEL, DU POIVRE...
JA NIE ROZUMIE !
DE L'ALCOOL ?!
??
TO ?
ÇA IRA !
IL ME FAUT ÇA AUSSI...
ET CECI.
COMMENT REMPLACER LES CITRONS ? DU VINAIGRE ??

C'EST BON, IL SE REPOSE. J'ESPÈRE QUE LA FIÈVRE TOMBERA VITE.
VA À SON CHEVET, PENDANT QUE J'ESSAYE DE CALMER TES NOUVEAUX AMIS.
DU CALME... NIE BOJ SIE... TOUT VA BIEN...
USPOKUJCIÈ SIE. OMI PRZYSLI NAM POMÒC.
NOTRE COMPAGNON DORT... ON SPAC...
ONI WYGONIA POTWORA TEJ NOCY.
NOUS RESTONS AVEC VOUS JUSQU'À DEMAIN... MY ZOSTAC...
ONI ZOSTONA AZ TE POTWORY BEDA WSZYSTKIE ZABITE !
RESTEZ TOUS CALMES... WSZYSTKO JEST W POZATKU...
ONI PRZYCHODZA NAS POMSCIC !
HURA !
DZIEKUJE !
MERCI ?!
QUE LEUR AVEZ-VOUS RACONTÉ ?
CO MOWIC ?
DZIEKUJE, DZIEKUJE, POMSCIJCIE MOJA MALUTKA MARYSIA !
RESTE À L'INTÉRIEUR...
JE REVIENS DÈS QUE J'AI COMPRIS CE QU'ILS NOUS VEULENT !
LE BELGE... N'HÉSITE PAS À TIRER SI ÇA TOURNE MAL !
AU PREMIER COUP DE FEU, JE VIENS T'AIDER !!

ALORS ?
ZABIJCIE POTWORA, POMSCIJCIE NAS !
ALORS, QUOI ? QU'EST-CE QUI SE PASSE ??
J'EN AI VU DES SALOPERIES, MAIS PAS ÇA...
UNE GAMINE S'EST FAIT MASSACRER...
VIENS. ON VA CALMER LES AGITÉS...
... ET ORGANISER LA DÉFENSE DU VILLAGE.
À DEUX ??
CONTRE QUI ? LES RUSSES ?!
J'EN SAIS RIEN !
QUI OU QUOI, JE NE PEUX PAS DIRE... MAIS VU LE MASSACRE DE LA PETITE. "ÇA" REVIENDRA.
J'ESSAYE DE LES FAIRE RENTRER CHEZ EUX.
TOI, SÉLECTIONNE QUELQUES BEAUX GAILLARDS POUR JOUER LES SENTINELLES.
ON Y VA !

RENTREZ CHEZ VOUS !
ZOSTANCIE TU. ZAMKNIJCIE DRZWI.
DLACZEGO WY NIC NIE ROBICIE ?
POURQUOI ON SE DONNE TOUT CE MAL POUR DES VILLAGEOIS QU'ON NE COMPREND MÊME PAS ?
PARCE QU'ON EST DES HÉROS...
ET SURTOUT PARCE QU'ON S'ENNUIE.
TU REGARDES PAR LÀ.
SI ÇA BOUGE, TU CRIES !
TU CROIS QUE "ÇA" REVIENDRA CETTE NUIT ?
AUCUNE IDÉE... MAIS AUTANT ÊTRE PRÊTS !
SI ON TIENT LA NUIT, ON IRA CHERCHER DECOUZ ET LES AUTRES DEMAIN.

WAAAARRRRRRGGGGG
PAN
JE M'OCCUPE DE "MÂTIN" !
JE TE COUVRE...
PAN

SORTEZ !!! VITE !!!
PLUS VITE !!!
ATTENTION, MON GARS, ÇA VA SECOUER.
MÓJ DOM ! MÓJ PIEKNY DOM !!
LE "BELGE", LAISSE LA "DORMEUSE" ET VIENS CHASSER LE LOUP !
JE NE PEUX PAS LE LAISSER SEUL...
T'ES PAS SA MÈRE ! IL NE PEUT RIEN LUI ARRIVER !!
AMÈNE-TOI !!!
J'AI PAS DE TEMPS À PERDRE AVEC DES PLEUREUSES...
J'Y VAIS SEUL !
VAS-Y... J'AI PAS... BESOIN D'ÊTRE... CHOUCHOUTÉ...

T'ES TOUCHÉ OÙ ?
T'OCCUPE PAS DE MOI !!
ÇA VA...
ELLE M'A ENCORE SAUVÉ LA VIE.
IL EST PAS ENCORE NÉ, CELUI QUI ME TROUERA LA PEAU !
QU'EST-CE QUE TU TRAÎNES ENCORE...
RAMÈNE-MOI LES CADAVRES DE CES SALOPARDS !
J'IRAI DEMAIN ! CETTE NUIT ON CALME LES ESPRITS ET ON ATTEND QUE...
SMIERC POTWOROM !!!

WSZYSCY WIEMY SKAD ONI SA ?
TAK
ZAPŁACA ZA NASZE KRZYWDY !
TAK
ELLE NE SE DÉMONTE JAMAIS, LEUR "MARIE-THÉRÈSE FIGUEUR"* ?! JE PLAINS SON MARI.
ÇA N'AUGURE RIEN DE BON...
JE VAIS ESSAYER DE LA CALMER.
SOUHAITE-MOI BONNE CHANCE.
LA CHANCE, J'Y CROIS PAS, GAMIN.
SMIERC ZYDOM !!
NA SMIERC !!
STOP ! ARRÊTEZ !
VOUS RIEN FAIRE !
NOUS FAIRE VENGEANCE !!
STOP ! C'EST UN ORDRE !

Sonné par le coup de poing, je ne pus m'interposer lorsque la foule déchaînée prit la route pour se venger des familles juives coupables de tous les maux...

PAN
LE VIEUX, AVEC MOI !
GARDE-M'EN VIVANTS !!
FOUTEZ-LEUR LA PAIX !!
POUR L'EMPEREUR !!
DÉGAGEZ...
RENTREZ CHEZ VOUS !
RECULE !
N'Y PENSE MÊME PAS !
AVANCEZ ! PLUS VITE !!
VENEZ À L'INTÉRIEUR.
BARRICADEZ-VOUS ! CE N'EST PEUT-ÊTRE PAS FINI...
TOI, VIENS ICI !
T'AS VU CE QUE T'AS FAIT ?!
EXCUSE-TOI !
TU LEUR DOIS DES VIES... ET J'ESPÈRE QU'IL LES RÉCLAMERONT !

Après maintes hésitations, nous décidâmes de nous installer dans la scierie. "J'y étais" n'aimait guère l'idée de cohabiter avec ces "gens-là", mais était bien conscient que les villageois étaient capables du pire.
Une fois Daney installé confortablement, je partis en chasse de nos agresseurs "monstrueux", espérant que les traces de la nuit me soient encore utiles. Le vieux restait à la scierie en attendant le reste de la troupe qui ne tarderait pas à nous retrouver.

ТРЕВОГА! СОЛДАТ!
ФРАНЦУЗ

APPAREMMENT JE LES AI SEMÉS.
ALORS, FRANÇAIS, TU PENSAIS M'AVOIR PERDU DANS... MA FORÊT ?!
ХА ДОРОГЕ!!
TU VAS DÉCOUVRIR LA VRAIE HOSPITALITÉ RUSSE, FRANÇAIS. ON N'AIME PAS LES ENVAHISSEURS, CHEZ NOUS !

DE RETOUR PARMI NOUS, LE FRANÇAIS.
J'SUIS PAS FRANÇAIS... J'SUIS BELGE !
ET CELLE-LÀ EST RUSSE !
QUE FAISAIS-TU PRÈS DE NOTRE CAMP... LE BELGE ?
TA VIE M'IMPORTE PEU... ALORS ÉVITE DE SOUFFRIR ET RÉPONDS-MOI !
TU PARLES BIEN NOTRE LANGUE, POUR UN "BOUSEUX"...
ANCIEN OFFICIER ET DÉSERTEUR, BEAU PEDIGREE POUR UNE BRUTE.
T'AS UNE GRANDE GUEULE...
QUAND J'EN AURAI FINI AVEC TOI TU M'APPELLERAS "MAMAN" !
COMMENT TU NOUS AS TROUVÉS ?
À L'ODEUR...
OÙ SONT TES COPAINS ?
À MOSCOU !
STOP... ARRÊTEZ...
IL NE DIRA RIEN... C'EST UN GARS BIEN... ÇA SERT À RIEN...

T'AS BIEN CHOISI TON MOMENT POUR RETROUVER TA LANGUE, TOI !
T'AS QUELQUE CHOSE À AJOUTER ?!
SI T'AS RAISON ET QU'IL DIRA RIEN... IL SERT À RIEN.
TUE-LE !!
ET PROUVE-MOI QUE T'ES VRAIMENT DES NÔTRES.
PAN
VA BALANCER SON CADAVRE DANS LA FORÊT. J'VEUX PAS QU'ON LE TROUVE ICI !
CELLE-CI EST POUR MA COLLECTION.

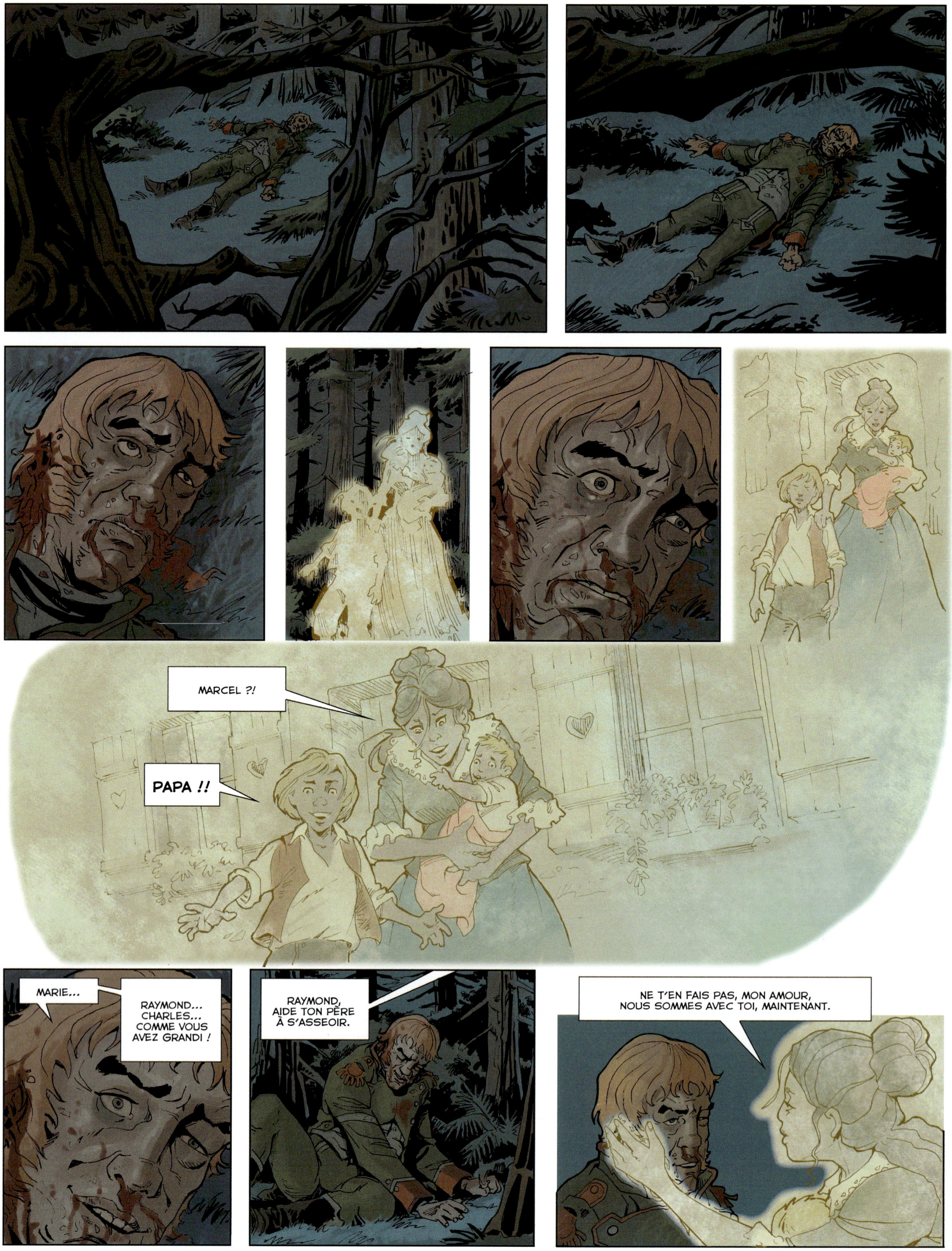
MARCEL ?!
PAPA !!
MARIE...
RAYMOND... CHARLES... COMME VOUS AVEZ GRANDI !
RAYMOND, AIDE TON PÈRE À S'ASSEOIR.
NE T'EN FAIS PAS, MON AMOUR, NOUS SOMMES AVEC TOI, MAINTENANT.

J'AI APPRIS À LIRE... JE SAIS AUSSI ÉCRIRE MON NOM...
TOUT LE MONDE EST TRÈS FIER DE LUI AU VILLAGE.
C'EST DEVENU L'HOMME DE LA MAISON !
MOI AUSSI JE SUIS FIER DE TOI.
PLUS TARD JE SERAI INSTITUTEUR COMME TOI, MON PAPA !
JE SUIS DÉSOLÉ... JE NE SUIS PAS FAIT POUR CETTE GUERRE.
DÉSOLÉ ?! POURQUOI... TU N'Y ES POUR RIEN...
J'AI PAS DEMANDÉ À PORTER L'UNIFORME...
MAIS J'SUIS PAS UN ASSASSIN.
J'VOULAIS PAS VOUS TUER... MAIS J'DEVAIS, OU EUX, ILS M'TUAIENT !
J'PEUX PAS RESTER AVEC EUX... J'SUIS PAS UN BANDIT...
J'VEUX JUSTE VIVRE EN PAIX...
J'VEUX RENTRER CHEZ MOI !!
J'VAIS VOUS CONDUIRE PRÈS DU VILLAGE.
ILS VOUS TROUVERONT CERTAINEMENT ET VOUS AIDERONT... SI C'EST ENCORE POSSIBLE.

PAN
BEAU TIR, POUR UN VIEUX TROMBLON COMME TOI !
J'AURAIS DÛ LA TUER IL Y A TROIS JOURS...
CETTE FEMME, C'ÉTAIT UNE BELLE GARCE !
MERCI P'TIT GARS, SANS TOI JE PERDAIS MON SEUL AMI BELGE.

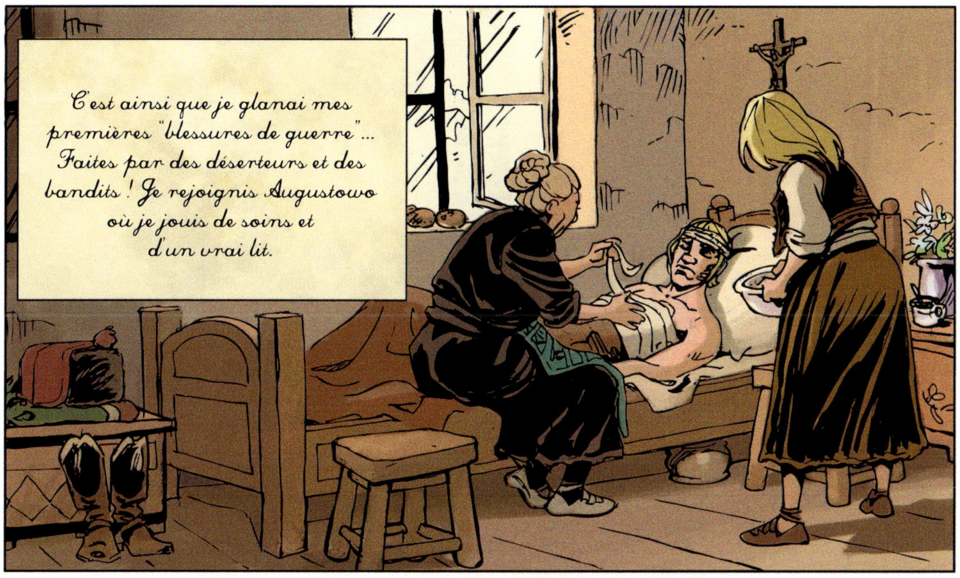
C'est ainsi que je glanai mes premières "blessures de guerre"... Faites par des déserteurs et des bandits ! Je rejoignis Augustowo où je jouis de soins et d'un vrai lit.

Au régiment, les désertions se multiplièrent, tant l'ennui est grand. Seul "Mâtin", remis lui aussi de ses blessures, trouva une occupation digne d'intérêt. Nous qui le prenions pour un fanfaron, nous fûmes surpris de le voir étudier avec assiduité l'ordonnance du 1er vendémiaire de l'an XIII.

Les Russes semblaient calmes jusqu'à ce que, soudain, ils mobilisent leurs troupes le long de la frontière. La tension monta ; nous étions prêts à en découdre pour fuir l'inaction... Puis tout redevint normal.

Le 31 mai, Khonen fut fusillé pour l'exemple ! Encore aujourd'hui je ne sais trop si je dois lui en vouloir ou si sa "lâcheté" m'a sauvé la vie...

Bien triste exemple que le sien. D'autant qu'il ne porta pas et que le nombre de désertions, tant chez nous que chez d'autres, continua de croître. Heureusement, plus de peloton d'exécution... Mais je doute que l'avenir de ces jeunes gens au bataillon colonial fût des plus roses.
L'affaire d'Espagne occupait toutes les discussions. Les rares informations nous parvenant de nos compagnons de la 7e Compagnie nous faisaient regretter de ne pouvoir être à leurs côtés et les aider.
Nous apprîmes tardivement la capitulation du général Dupont à Baylen*. Ce fut un véritable coup de massue. Nos compagnons de la 7e Compagnie étaient au nombre des prisonniers... Je ne découvrirais que bien des années plus tard quelles furent les conditions de leur captivité.
L'évolution de la situation ibérique modifia le dispositif de notre armée. Toutefois, au grand dam des plus belliqueux, nous ne suivîmes pas les mouvements du IIIe Corps. Nous restâmes à Augustowo avec pour mission la surveillance de Russes de plus en plus "turbulents".
Alors que l'Empereur séjourne à Erfurt et négocie avec l'empereur de Russie, nous poursuivîmes nos missions de police et d'éradication des bandes de brigands qui infestaient la frontière. C'est dans ce contexte routinier que l'on nous informa que la Grande Armée était dissoute et que nous rejoignions la "glorieuse" Armée du Rhin.
En novembre le 2e Chasseur fut relevé par un régiment de cavalerie polonais. Ensuite, en décembre, nous prîmes la direction de Posen*. Nous nous sentions bien seuls et isolés au coeur du territoire "conquis"... D'autant plus que nos frères allemands nous entretenaient avec angoisse du réarmement autrichien ! Le sang et les larmes couleraient à nouveau d'ici peu...
FIN DE L'ÉPISODE.

GLOSSAIRE

Baylen : défaite française le 19 juillet 1808. Baylen [Bailén] à 105 km de Cordoue (Andalousie).

Bec-à-sucre : bleusaille, jeune recrue.

Marie-Thérèse Figueur : véritable "Madame sans-gêne".

Jean-jean : bleusaille, jeune recrue.

Mademoiselle Lenormand : voyante parisienne célèbre, dont les salons sont – discrètement – fréquentés par la noblesse d'Empire.

Posen : Postdam

Riquiqui : alcool.

Sapeur : soldat du génie ; leur symbole : la hache.

Solde : dans la cavalerie légère, un hussard ou un chasseur gagne 33 centimes par jour ; un fourrier 75, un maréchal des logis chef 88, par exemple.

Pendant ce temps dans le reste de l'Empire.

1808

4 janvier : Bigot de Préameneu nommé ministre des Cultes.

9 janvier : Entrée d'une troisième armée française en Espagne.

10 janvier : Ordre d'occuper (militairement) Rome.

22 janvier : Napoléon propose d'associer l'Autriche au démembrement de l'Empire ottoman.

2 février : Napoléon propose à Alexandre Ier de partager l'Empire ottoman avant de marcher sur l'Inde.

9 février : Entrée d'une quatrième armée française en Espagne.

24 février : Napoléon propose à Charles IV de troquer l'Espagne du nord contre le Portugal.

12 mars : Les négociations avec les Russes quant au démembrement de l'Empire ottoman "coincent" sur la question de Constantinople et des détroits.

17 mars : Décret réglant l'organisation de la religion israélite.

18 mars : Émeute à Aranjuez.

23 mars : Entrée de Murat à Madrid.

27 mars : Louis Bonaparte refuse la couronne d'Espagne.

14 avril : Arrivée de l'Empereur à Bayonne.

20 avril : Arrivée de Ferdinand VII à Bayonne ; à Paris naissance du futur Napoléon III.

30 avril : Arrivée de Charles IV à Bayonne.

2 mai : À Bayonne Charles IV et Ferdinand VII abdiquent.

22 mai : Le Pape interdit à ses sujets de prêter serment à Napoléon.

23 mai : Début de l'insurrection espagnole.

27 mai : Massacre de soldats français à Valence.

28 mai : Soulèvement de Cadix.

30 mai : Insurrection de Grenade.

31 mai : Soulèvement de Valladolid.

4 juin : Joseph Bonaparte accepte la couronne d'Espagne.

6 juin : La junte espagnole déclare la guerre à la France.

14 juin : L'escadre française de Cadix capitule.

15 juin : Murat quitte Madrid pour succéder à Joseph sur le trône de Naples.

9 juillet : Joseph quitte Bayonne pour Madrid.

20 juillet : Entrée de Joseph à Madrid.

22 juillet : Capitulation de l'armée commandée par Dupont à Bailén.

30 juillet : Joseph s'enfuit d'Espagne.